Toshiro Shishiku
Wird in manchen Gegenden gefürchtet, tatsächlich dreht sich bei ihm aber alles nur um seine Schwester. Im ersten Jahr der Oberschule.
Yuta Toyomitsu
Toshiros einziger Freund
Mio Shishiku
Toshiros jüngere Schwester. Zeichnet Bilder, die sie dann online postet.
Tsukasa Uruwashi
In derselben Sprecherwerkstatt wie Toshiro. Hat im Ausland gelebt. Übertalentiert.
Naoaki Chiken
In derselben Sprecherwerkstatt wie Toshiro. Ein Angsthase.
Managerin Shiraishi
Mitarbeiterin der Agentur K Production, zu der Toshiro gehört.
Homare Kirigaya
Die Lehrerin von Toshiro und Co. in der Sprecherwerkstatt.

Was bisher geschah...

Toshiro Shishiku wird wegen seines wilden Aussehens und seiner tiefen Stimme gefürchtet. Um genug Geld zu verdienen, damit seine Schwester Kunst studieren kann, will er der beste aller Synchronsprecher werden und nimmt dafür am Zulassungscasting einer Sprecherwerkstatt teil. Mit seiner angeborenen Stimmfülle und der Fähigkeit, Farben zu hören, schafft er die Prüfung. Doch da er blutiger Anfänger ist, gerät er im Unterricht sofort ins Hintertreffen. Da erhalten die Schüler der Werkstatt die Chance, bei der Sommer-Großveranstaltung »AniMu« dabei zu sein. Toshiro und sein Rivale Tsukasa meistern die gestellte Aufgabe - einen Rückwärtssalto - und dürfen auftreten. Toshiro ist außer sich vor Freude über seinen ersten Bühnenauftritt und übt fleißig. Und dann ist endlich der Tag des Events gekommen...

VOICE RUSH!!

OCTO

2

AUS DEM JAPANISCHEN

INHALT

TAKE 6: ÄLTER ALS MEINE MUTTER
18. August: Tag des Events
Oooh …
Wooooooooooow …

WOMM
Die Halle …
… ist ja riesig!!!
So viele …
… Stühle !!!
IN REIH UND GLIED
Nanu? Was macht der Teenager denn hier drin?
Wo kommt der her ?
Wooooooh!!
Hey! Brüll hier nicht so rum! Du störst die Leute doch beim Aufbau.
Sorry.
Ach so, ihr zwei… Ich hoffe, ihr habt euch ordentlich ausge-schlafen.
Ent-schuldi-gung!

Habe ich.
Ich fall sowieso jeden Tag um neun Uhr abends ins Bett.
Da... Dann ist ja gut.
Gut zu wissen, dass du nicht nervös bist.
6:47
Eure Generalprobe ist gegen 13 Uhr.
Bis dahin ist Zeit für Begrüßungen, Hallenbegehung und Mittagessen.
Hä?!
Erst um 13 Uhr? Wir haben noch nicht mal sieben...
Eure Profi-Kollegen von K Pro sind ab dem Morgen vor Ort.
Da könnt ihr Neulinge nicht erst am Nachmittag auftauchen.
Und wann habt ihr sonst schon die Chance, bei Proben zuzusehen?
Hier könnt ihr was lernen.
Ooh! Das leuchtet ein!
Gut, dann gehen wir jetzt erstmal in die Garderobe, Begrüßungen machen.
Begrüßungen!
Das ist wichtig!
LÄRM
LÄRM
LÄRM
VOICE ARTIST AN-ON! MUSIC FES 2019 in MAKUHARI
Garderobe

Morgäääään!!!
WO
MM
Ein Toshiro-typischer energiegeladener Gruß
G...
Guten Morgen!
RAUN
Ei...Ein Rowdy?!
Guten Morgen!!
Guten Morgen ...
Oh!
Frau Shiraishi! Guten Morgen!
Frau Shiraishi... Wer ist dieser Row... Dieser imposante junge Mann?
Tach!

Diese beiden hier sind Schüler unserer Sprecherwerkstatt und haben beim heutigen Event einen Kurzauftritt.
Tach!
Das ist Toshiro Shishiku.
Und das Tsukasa Uruwashi.
Schön, Sie alle kennenzulernen.
Was? Die gehören zur Sprecherwerkstatt? Nicht zur Agentur?
Tsukasa ist ja ein Süßer. ♡
In ihnen steckt mehr, als man vielleicht denken könnte...
Tach!
A... Ach wirklich...
Haha... Freut mich sehr...

Wooooah!
UMGUCK
Oh! Steh hier nicht im Weg rum.
UMGUCK
Hm?
Zeitplan
Ort: Makuhari Messe
Einlass: 17:00 Uhr Beginn: 18:00 Uhr
Zeitplan
Acts
Sound
Beleuchtung
Stage Directions
18:00
Standby Shota Sugi
Handmikrofon
Licht im Publikumsraum aus + Pinspot
Stage right
Standby Hiroshi Niiyama
Blackout -> Vollbeleuchtung
Stage right
19:00
Standby Misaki Uda / Shota Sugi
Standmikrofon
Vollbeleuchtung
Stage left
Standby Shohei Nakayama
Standmikrofon
Standby Takanori Tsukada
Kopflicht
Stage left
Standby Harumi Shinonome
Umbau
Standby Tsukasa Uruwashi / Toshiro Shishiku
20:00
Headset Mikrofon
Standby Alle Acts
Fußlicht
Stage left
Seitenlicht
Bereits auf der Bühne
21:00
Veranstal-tungsende
Kleines Get-Together – Garderobe
Abbau
Halle leer
Krass!
Wooow! So viele treten heute auf?!
Eins, zwei, drei, vier...
Hmmm...
40
»Vampire and Others« Pe
von Kazuki Abe - Sh
»Die Katzendetekte
von Kazuki Okuda
50
»Miracle ★ Magical« P
von Alice Kanzaki - Har
00
Umbau
10
VTuber Performer Stimmen: Icke / Isch, Bewegungen: Tsukasa Uruwashi / Toshiro Shishiku
20
»Otokano!« Performer: Ryo Yonaha, Masako Yamamoto
Unser Auftritt ist um 20:10 Uhr.
Dann reicht's ja locker, wenn wir bis 19:55 Uhr hinter der Bühne sind.

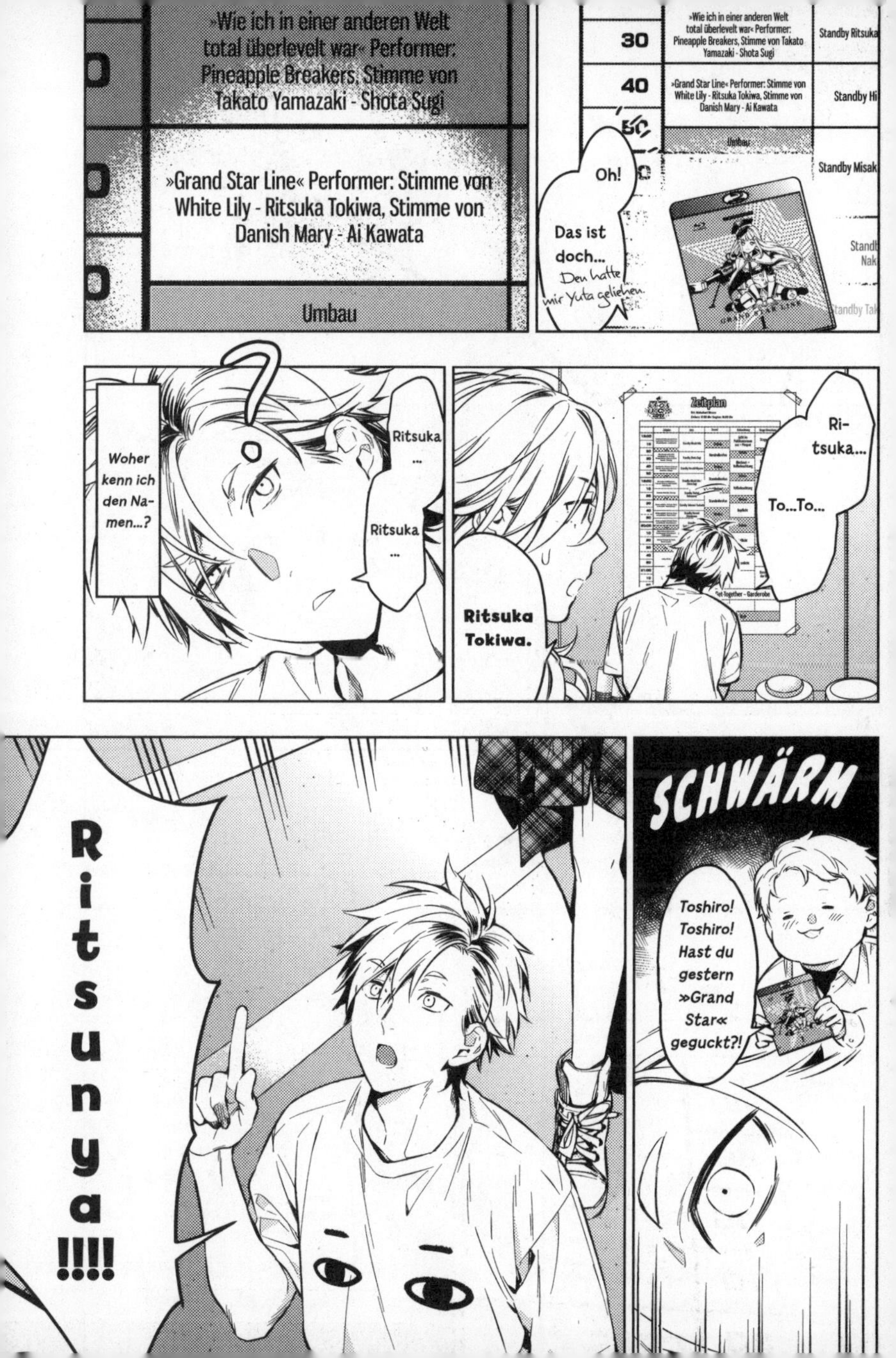
30
»Wie ich in einer anderen Welt total überlevelt war« Performer: Pineapple Breakers, Stimme von Takato Yamazaki - Shota Sugi
Standby Ritsuka
40
»Grand Star Line« Performer: Stimme von White Lily - Ritsuka Tokiwa, Stimme von Danish Mary - Ai Kawata
Standby Hi
Umbau
Standby Misak
Oh!
Das ist doch...
Den hatte mir Yuta geliehen.
»Wie ich in einer anderen Welt total überlevelt war« Performer: Pineapple Breakers, Stimme von Takato Yamazaki - Shota Sugi
»Grand Star Line« Performer: Stimme von White Lily - Ritsuka Tokiwa, Stimme von Danish Mary - Ai Kawata
Umbau
Zeitplan
Ri-tsuka...
To...To...
Ritsuka Tokiwa.
Ritsuka...
Ritsuka...
Woher kenn ich den Namen...?
SCHWÄRM
Toshiro! Toshiro! Hast du gestern »Grand Star« geguckt?!
Ritsunya!!!!

Das bin ich! Ritsuka Tokiwa, Stimme von White Lily!
Guten Morgen miteinander!
Aaaaah!
Die Stimme ist dieselbe!
Hihi! Gut getroffen, nicht?
Frau Tokiwa! Manager Mogami!
Oh! Frau Shiraishi! Guten Morgen!

Guten Morgen!
Bitte entschuldigen Sie. Diese beiden hier sind noch Schüler der Sprecherwerkstatt vor ihrem Debüt.
Waas?!
Aus unserer K Pro Werkstatt?
Toshiro Shishiku.
Tach!
Tsukasa Uruwashi.
Schön, Sie kennenzulernen.
KLATSCH KLATSCH KLATSCH
Was, aus dem Nichts auf so eine große Bühne?!
Donnerwetter!
STRAHL
Bringen wir die Arena heute Abend gemeinsam zum Kochen!
Wir sehen uns später!
So hübsch und dabei trotzdem total umgänglich!
Haaaaaach!
Das Juwel unserer Firma!
Sie muss eine Göttin sein!!!

Gut, wer bei Meet and Greets mit so vielen Fans in Kontakt kommt, muss gut im Kommunizieren sein.
Ihr Gesicht war grade mal so groß wie eine Grapefruit.
Vielen herzlichen Dank!!
Oder?
Doch wohl eher größer.
Mein Kumpel ist ein Riesenfan von Ritsu-nya.
Das mag sein.
Aber in der Garderobe können wir keine Fanboys brauchen.
Ja, okay …
Hey!
Oh!
Ich würd langsam gern mal anfangen.
Herr Producer Kimie!
Guten Morgen!
AniMu Event Producer
Rokuo Kimie
Los, kommt mal her!
Wer sind die zwei?
Hmmmmm …
Zuschauer? Performer?

Tach!
Sie sind Schüler unserer Sprecherwerkstatt.
Sie werden heute in den Motion-Capture-Anzügen stecken.
Ach, ihr seid der Last-minute-Ersatz.
Kriegen die das auch hin?
Frau Kirigaya hat intensiv mit ihnen trainiert.
Aaah...
Sie meinen Homare Kirigaya?
Ah ja... Früher hatte sie so eine große Fanbase, aber dann hat sie ihre Karriere beendet und ist Lehrerin geworden.

Hmmm...
Na ja, man muss halt auch ihr Alter sehen.
Inzwischen sind die meisten Star-Sprecherinnen ja junge süße Dinger.
Ist der gnadenlos. Was...? Hahaha! Nein, nein, das ist doch nicht sexistisch...!
LÄCHEL
Sie ist zwar sehr streng, aber bei den Schülern auch ziemlich beliebt.
Hahaha...
Was meinen Sie mit »ihr Alter«?
Frau Homare ist doch mindestens zehn Jahre jünger als Sie **alter Knacker.**
Aaaaaaaaaaa-aaaaaaaaah!!!!
Wie bitte?
S... Sorry!
Knacker...?
Hahaha!
Also nein!
Der Junge ist... einfach nur soooo nervös ...!!!
ÄRGER
Homare Kirigaya und ich sind nur zwei Jahre auseinander.
ÄRGER
ÄRGER
ÄRGER
Ich bin 39.

Dann sind Sie ja drei Jahre älter als meine Mutter.
Gruslig, dass man mit 39 schon so verbraucht ausschauen kann.
Entschul-diguuuuu-uuuuung!
Shiraishi
Was fällt dir ein?!
Aaa-aaaah!!! Die Gene-ralprobe hat ja schon be-gonnen!!
KNURR
Die Jungs sind blutige Amateure und müssen sich dringend anschauen, wie die Profis arbeiten!
Wenn Sie uns bitte ent-schuldigen!
DJÜÜÜÜ

Bist du von allen guten Geistern verlassen?!
Wag es ja nicht, noch einmal einen Produzenten zu kränken!!!
Das bringt nicht nur dir Ärger…
… sondern auch der gesamten Agentur!!
Er war's, der mit dem Alter angefangen hat…
Ich verbiete dir, das Wort »Knacker« noch einmal zu benutzen!
RÜFFEL
Du bist zum Arbeiten hier!
Wenn so was noch mal passiert, hat das Konsequenzen!
Uugh…!
Ja, seine Aussage über Frau Homare war mehr als unverschämt.
Aber da darfst du nichts drauf geben.
Ach so, wenn dann soll ich ihn zu 'nem Duell rausfordern?
Aber so Heimlichtuerei find ich echt schrecklich.
Lass deinen Schläger-Kodex bitte daheim.

Krawallbürste.
Ein Schnellschuss nach dem anderen.
Energieverschwender.
Vibes vom Typ »ich will nicht mit dir in eine Schublade«.
Ja, sorry ...
Na ja...
... das musste einfach mal sein.
DING
DROOOOO

Weichei
Quadrat
Porträt
Foto
Video
Slo-Mo
1×

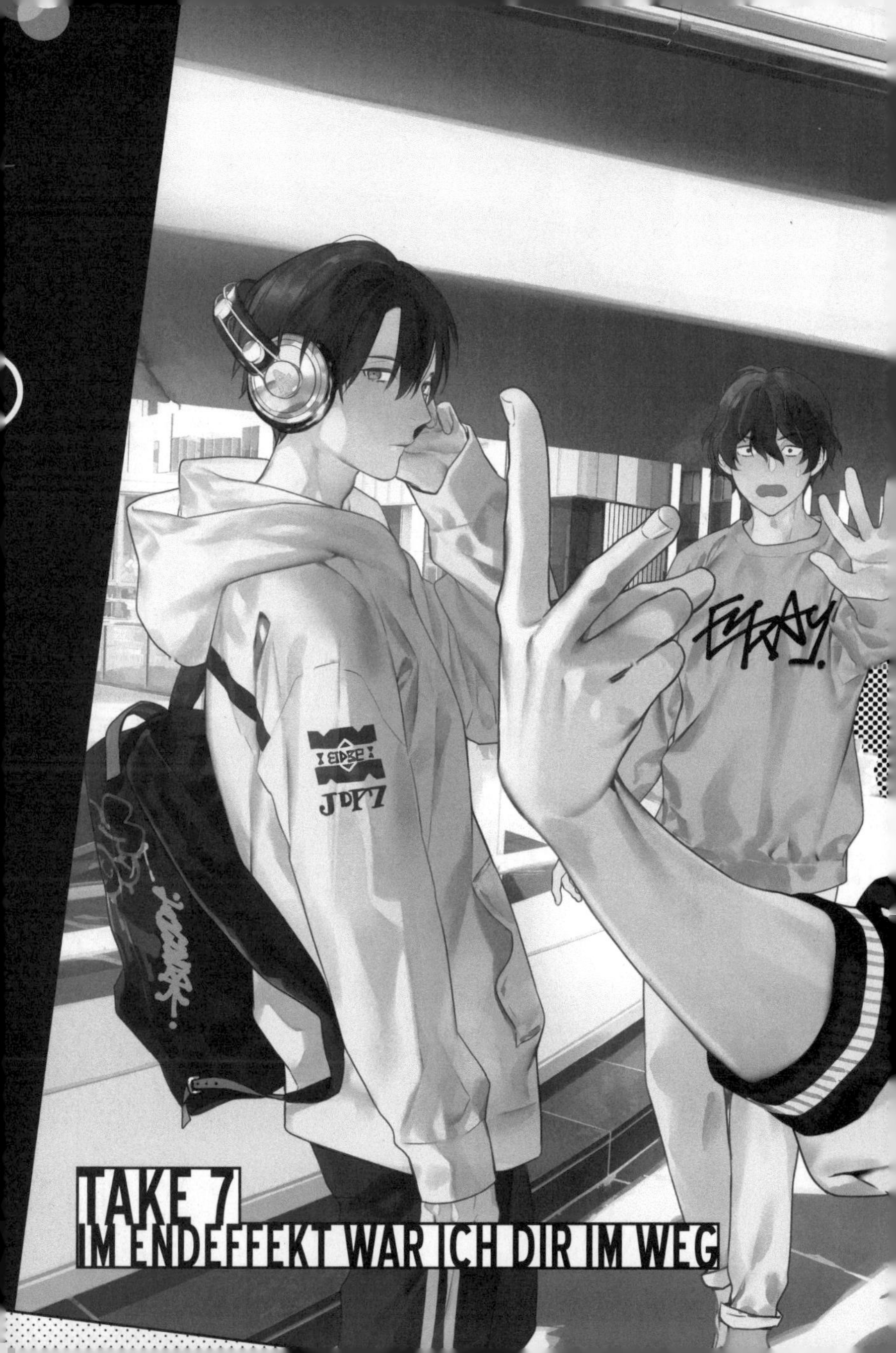
TAKE 7
IM ENDEFFEKT WAR ICH DIR IM WEG

Bis zu eurer Generalprobe dauert es noch...
... also schaut euch an, wie das hier abläuft.
Allerdings gibt es viele Wartezeiten, ihr dürft euch also gerne auch anderweitig umsehen.
Mit diesen Backstage-Pässen könnt ihr euch im Gebäude relativ frei bewegen.
Klebt ihn an die Kleidung.
VOICE ART ANI-ON! MUSIC FES 2019 in MAKUHARI
STAFF
ACCESS ALL AREA
08/18
NOT FOR SALE
Gegen elf essen wir Mittag...
... und danach ist gleich die Einstellung der Bewegungssensoren.
13 Uhr ist dann Generalprobe.
Danach ist Pause und finaler Check.
In der Garderobe gibt's Catering, da könnt ihr euch bedienen.
Danach folgt dann die finale Einstellung der Sensoren und Geräte für den Auftritt.
QUIRLIG
QUIRLIG
QUIRLIG
QUIRLIG
Oh!
Und geht vor dem Auftritt noch mal auf die Toilette!
Wenn alles nach Plan verläuft, ist um 20:10 Uhr...
... endlich euer Auftritt.

Woooooow!
Und die Sprecher?
Die halten sich in der Sprecherkabine im ersten Stock bereit.
Da laufen jetzt auch gerade die letzten Einstellungen.
Cool!
Darf ich mich auf jeden der Stühle da setzen?
Ja, sicher.
Dann nehm ich den hier!
Von hier sieht man alles und hat den perfekten Blick auf die Bühne!

Ooh!
Das Lied hab ich schon mal gehört.
Das ist das Opening von »Wie ich in einer anderen Welt total überlevelt war«.
Die Band heißt Pineapple Breakers.
Die waren auf Platz eins der Charts, daher kennst du sie sicher.
Hä?
Aber Pineapple Breakers sind doch keine Synchronsprecher.
Singen auch Nicht-Synchronsprecher Anime-Openings?
Zu rund fünfzig Prozent, ja.
Inzwischen ist es nicht mal mehr für absolute Top Acts ungewöhnlich, Openings aufzunehmen.
Ich kenn nur die Sachen, die Yuta mir empfiehlt.
Oh, sieh mal, Shishiku!
Hö?

Ritsunya!
Oooh!
Wow!
Das kenn ich auch!
Das ist das Grand Star-Opening
Nanu?
War der Song schon immer so gut?

Live ist ihr Stimmvolumen noch voller... Nennt man das so?
Wie schafft sie es, aus so einem kleinen Körper so eine laute Stimme rauszuholen?
Und die haben ein Rad ab, dass sie mit solchen Absätzen tanzen muss.
Die hält echt was aus.

Bald sitzen auf all diesen Stühlen Zuschauer...
... und hören gemeinsam dieses Lied.
Vielen Dank euch allen!
Wir sind noch lange nicht fertig!
Ich bin ganz aus dem Häuschen!
Okay, danke sehr.
Sie gehen nach rechts von der Bühne ab, während das Moderationsduo die Bühne betritt.
So dann auch später. Nach dem Song kommt eine kurze Moderation.
Okay!
KLATSCH
KLATSCH
KLATSCH
KLATSCH

KLATSCH KLATSCH
KLATSCH
KLATSCH KLATSCH
»Ich mag, dass Ritsunya so unkompliziert ist, so gar nicht eingebildet, und das, obwohl sie so gut schauspielern und singen kann.«
Hör zu, Toshiro!
Jetzt hab ich ein bisschen was davon gecheckt, Yuta!

Oh!
Es ist gleich elf Uhr.
SCHRECK
Schon?
Wir essen jetzt was und dann ist General-probe.
LEER
11:35
Oooh!
じゃん
TADAA
じゃん
TADAA
Woooow!!

TADAAA
Ist das krass!!
Moh... Mosch... Mohschen-käptscha...
Motion Capture Devices!
Die Anzüge wurden in eurer Größe bereitgestellt.
Wenn ihr ausgerüstet seid, machen wir einen ersten Probelauf!
Bewegt euch mal.
Hä? Echt jetzt?

BOING
Hepp!
BOING
Hepp!
びょんっ
BOING
Juppiiiiiii!!
びょんっ
BOING
Nee, oder?! Mann, ist das krass!
Wuhuuu!
Echt jetzt?!
Das ist ja voll abgefahren!!

Hey, guck doch mal!
Icke!! Icke!!
Hier ist Isch!!!!
...
Wenn du dich nur einmal öffentlich blamierst, werde ich dir das nie verzeihen.
Ey!

Ey, sag ich!
SCHRECK
Zeig mal mehr Begeis-terung!
Oder bist du nervös? Das passt gar nicht zu dir.
Nein, wieso?
Das hier ist so krass! Jetzt echt mal!
Guck doch!
Du nervst.
S...Sensoren arbeiten problemlos.
Guck doch mal! Yay!
Du nervst.
Bild ist auf dem Moni-tor. Alles okay.
Mikro-fone?
STAFF

Test, Test.
Hört man uns?
!
Bild ist auch in der Sprecher-kabine zu sehen.
Wow, sie bewegen sich.
Ja, genau.
Die Sprecher von Icke und Isch!
Da strotzt aber jemand vor Energie.
Mikro-fone okay.
Etwas leiser.
Test, Test.
Okay, jetzt passt es.
Gut, dann beginnt jetzt die General-probe!
Uruwa-shi und Shishiku, Standby vor der Kamera!
Roger!
Jawohl!

Wenn die Sprecher zu improvisieren beginnen, passt eure Bewegungen bitte möglichst daran an.
Roger!
Der Blonde scheint Erfahrung mit Improvisieren zu haben.
Dafür, dass sie Last-Minute-Ersatzleute sind, sind sie ziemlich gut.
Ja, genau!
Das wollte ich! Leute, die beim Auftritt aufblühen!

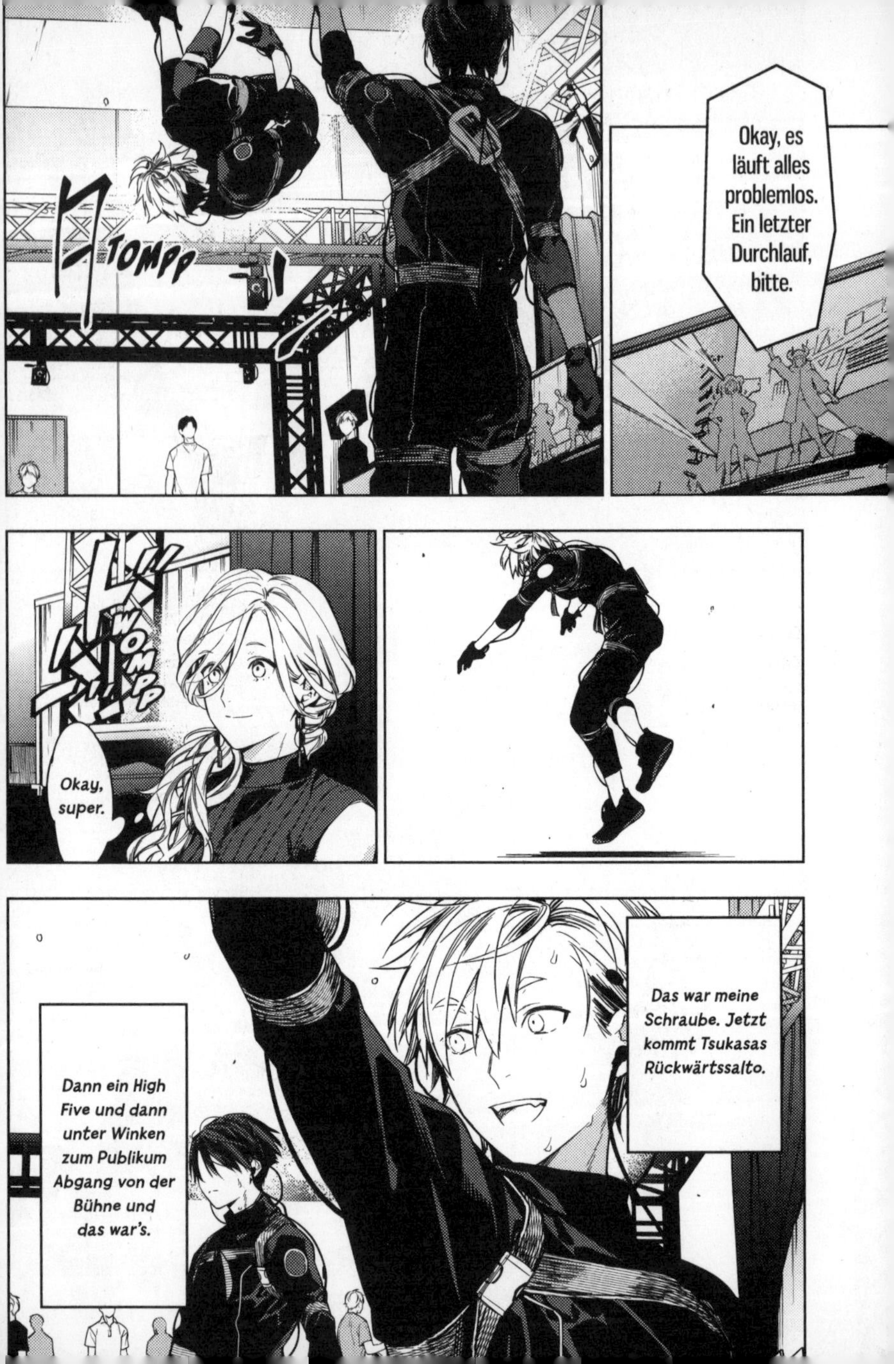
Okay, es läuft alles problemlos. Ein letzter Durchlauf, bitte.
TOMPP
WOMPP
Okay, super.
Das war meine Schraube. Jetzt kommt Tsukasas Rückwärtssalto.
Dann ein High Five und dann unter Winken zum Publikum Abgang von der Bühne und das war's.

?
Geräusche und Bewegung sind nicht ganz synchron.
Das kenn ich von ihm nicht.
DOOM
Aah!

DOMPF
KNACK

Nanu?
Hat er gepatzt?
Seid ihr beide okay?!
Haah!
Haah!
Ent-schuldi-gung.
Beim Schluss...
... hab ich gepatzt.
Haah!
Toshiro wollte mir vielleicht helfen, weil er gesehen hat, dass meine Landung daneben geht.
Es sah aus, als wärt ihr kollidiert. Alles okay?
Ich hab deinen Fuß...
Nee, passt schon.
TAPP
TAPP
Haah!
Ich hatte Angst, du fällst hin. Im Endeffekt war ich dir dann aber im Weg.
Hö? Alles okay mit dir?
Er hat nur meine Schuh-spitze erwischt.
...
Okay, dann machen wir noch einen Kurzdurch-lauf vom Finale!

Die Zeit drängt leider ein bisschen, darum nur Uruwashis Part.
Oh.
Jawohl.
TOMPP
Okay, perfekt!
Als nächstes Herr Yonaha und Frau Yamamoto, Standby für die Generalprobe.
Okay!
Kann losgehen!
Gut gemacht, ihr zwei!
Ein paar kleine Fehler waren dabei, aber das liegt alles noch im Toleranzbereich!
Der improvisierte Teil hat gut geklappt.
Jetzt fehlt nur noch der Auftritt!
Roger!
Jawohl.

Äh, ich müsste mal eben kurz aufs Klo.
Lass dir Zeit, jetzt ist ja erstmal Pause.
Wir sind im Green Room.
Okay!

Auaaaaaaaaaaaaaaaaa-
aaaaaaaaaaaaaaaaaa!!!
SCHWITZ
SCHWITZ
Scheiße, ist der etwa gebrochen?!
SCHWITZ
SCHWITZ
Was ist das denn?
Ich versteh da nix von, aber es tut echt sauweh!
Wird das bis zum Auftritt wieder, wenn ich ein großes Pflaster draufkleb?
Das wird wieder, richtig?
Ich hab keinen Ersatzmann, der einspringen könnte.

COLD SPRAY
Kühlt sofort
Schmerzmittel
...
STECH
STECH
STECH
Das Schmerzmittel bringt zumindest was.
Okay! Das heißt, das wird wieder!!

JR-Bahnhof
Kaihin Makuhari
Kottan!!
Da bin ich!
Hallo!
Puh, so spät und noch so heiß...
Ob die Merch-Schlange lang ist?
LÄRM
LÄRM
LÄRM
Ja, muss ziemlich heftig sein.
Au weia..
Ach so, hier, für dich!
Oh, das sind ja...

Ich leih dir zwei meiner Leuchtstäbe.
Kein Festival ohne!
Boah, wie cool!!
Danke!!
Wann ist dein Liebling Sugisho dran?
Als zweiter! Nach »Tona-Fuku«!
Rehouse
Oh, es kommt auch was aus »TonaFuku«! Ich mag das Opening echt gern.
Merchandising
LÄRM
LÄRM
LÄRM
Eiscreme Getränke

Uwaaaah, da stehen wir ja morgen noch!
Das klappt schon! Los!
Oh!
Oha.
Hallo Yuta!
Ach nein, du auch bei AniMu, Mio?
Oh, das ist Yuta, ein Kumpel meines Bruders.
Das hier ist Kottan aus meiner Klasse.
Hallo! Ich bin Koto-ko.
SCHÜCHTER
Äh... Ha... Ha...Hallo. Ich bin Yuta.
Ein Kumpel von Toshiro?
Die sind ja verschie-den wie Tag und Nacht.
Grrrr!

Die Schlange ist echt lang. Schaffen wir das überhaupt?
VOLLBEPACKT
Bei den Massen sollten wir es gerade noch so schaffen.
Ich steh zum zweiten Mal, hab beim ersten Mal was vergessen.
Echt jetzt?!
Für wen seid ihr hier?
Ich muss für eine Freundin, die nicht konnte, Goodies kaufen.
Aah, die Goodie-Beauftragte!
Bin schon total gespannt. Ich war noch nie auf so einem Event.
Ich bin hier, um Shota Sugi aus »Total überlevelt« zu sehen!
Ooooh!!
Der Sprecher von Takato! Die Rolle wurde ihm ja praktisch auf den Leib geschrieben!
!
Ja, find ich auch!
Ich bin seit zwei Jahren Fan von ihm.
Aber von all seinen bisherigen Rollen mag ich Takato am liebsten!
Damals war er noch neu im Geschäft, aber alle waren total begeistert.
Ja, ganz genau!!

Für wen bist du da, Yuta?
Natürlich für Ritsunya!
Iiieks!
Die große Ritsuka!!
»Grand Star« schau ich auch schon seit Season eins.
Wie lange bist du schon Fan?
Iiieks!
Ritsunya ist seit ungefähr sechs Jahren mein Monetengrab!
WAMM
Hahaha!
Monetengrab?
Konferenzraum 9-1
VOICE ARTIST ANI-ON! MUSICFES 2019 in MAKUHARI
Green Room

Ich vertret mir kurz die Beine.
Mach das.
Hey.
Willst du auch aufs Klo?

STOPP
He.
Bei der Probe hab ich...
yamanaka!
yamanaka!
KRACH
Uwah!
Hier!
Sind das alle Helfer für den Verkauf?
Ja, alle.
Geh du noch dazu!
Okay!
Wir bräuchten noch zwei, drei mehr.
Kurz vor Show-Beginn kommt der richtige Ansturm. Macht noch eine Kasse auf.
Und jemand müsste die Schlange steuern...
Wir haben aber niemanden mehr übrig.
LÄRM
LÄRM
LÄRM
Was?! So kurz vor Beginn?!
VOICE
AN-ON
MUSIC FES
2019
in MAKUHARI
STAFF
ACCESS ALL AREA
08/18

Hey, du da! Bist du für den Aufbau da?!
Hö? Sie meinen mich?
Wenn du kurz Zeit hast, wir brauchen Hilfe bei den Verkaufsständen!
Ich bin heute für eine wichtige Mission angeheuert worden.
Aber bis etwa 18 Uhr hab ich Zeit.
ANI-ON! MUSICFES 2019
Vielen Dank!!
WUSCH
Hä...?
Der arbeitet hier?
STAFF
Hast du schon mal Schlangen bei einem Event gesteuert?
Bei 'nem Event nicht, aber ich hab schon Autos an Baustellen vorbeigeleitet und so Sachen.
Okay!
Yamanaka, du machst die zusätzliche Kasse!
Äh, okay!
Ihr zwei kümmert euch um die Warteschlange!
Hö?
Ich auch...?
Roger!

Bitte aufrücken!
ザワ LÄRM
ザワ LÄRM
Merchandising
ザワ LÄRM
Bitte nach vorne auf-schlie-ßen!
Ja, ich bin's. Steh beim Merch an.
ザワ LÄRM
ザワ LÄRM
Boooah, funktio-niert die Klimaan-lage über-haupt?!
ANI-ON! MUSICFES 2019
TAKE 8: ICH GEB HUNDERT
Hier geht's ja überhaupt nicht voran.
Staut sich halt wie üblich an der Kasse.
Schaffen wir das noch?
Ich seh nicht, wo sich die Schlange teilt.
Neueste Personen Fotos Videos
lmeldung vom AniMu-Merch: katastrophales Schlangenmanagement! Hier geht echt überhaupt nichts voran! Was treiben die bitte?!
#AniMuMerch
Shion@AniMu! @shionnnn02 1 MinWarum gibt's nicht die Möglichkeit zum online Vorbestellen? Echt mal ...
#AniMuMerch
Yume Haltet mir ein Ticket frei! @Yu

WUSCH
Firma dankt!
Schreit der...
Firma dankt!
WUSCH
Oh, die Schlange bewegt sich!
Sehr gut!
Hm?
Was ist?
Weiß nicht.
Haben die da drüben Streit?
Bitte nach vorne aufschlie-ßen!!
Bitte in Zweier-reihen anstel-len!!
SCHRECK
VOICE ARTIST ANI-ON! MUSICFES in MAKUHARI

In deiner Message auf dem Board hast du doch gesagt, du tauschst.
Grand Star Line 1 von 10
Rabbit
A... Aber...
... doch nur Hologramm-Anhänger A gegen B.
Den normalen Anhänger von Lily hier hab ich schon.
Ich sag doch, Hologramm A hatte ich bis eben noch, aber den hab ich schon wegge-tauscht.
Dann ist unsere Abmachung...
Die normale Version von Lily ist doch auch süß.
Ihr Kostüm sieht auch viel besser aus.
Vielen Dank fürs Tauschen! ☆
WUPP
Aah!

Was war das?
Uuugh...
So was passiert ab und an.
Die haben den gezwungen, sein seltenes Goodie mit ihnen zu tauschen.
Die haben ihn abgezogen!
Wir müssen das melden!
Würd ja gerne.
Aber wir sind nur Beobachter, was wissen wir, was die für einen Deal hatten?
Wir haben auch nicht die ganze Unterhaltung gehört.
Und wenn wir die Schlange jetzt verlassen, war's das mit den Goodies.
Nggh...
...
In solchen Momenten...
GRMPF
... sollte ich was unternehmen, immerhin bin ich der Ältere.
Aber selbst wenn...
Bi...Bitte gebt dem Jungen seinen Anhänger zurück!
Was, du Fettsack?
Das ist unser Tausch und der ist abgeschlossen.
Das geht dich 'nen feuchten Dreck an.
Uh... Gaah... Uuugh...
Darauf läuft's doch raus...

Aber...
... wenn ich jetzt Toshiro wäre...
AUFRAFF
E...Ent-schuldi-gung...!
Ey, ihr da drü-ben!

Das da...
... was du da in der Hand hast...
... habt ihr das hier gekauft?
Hä?
Ist das...
... ein Mitarbeiter?
Glaub ich kaum.
Wir haben uns online geeinigt und dann getauscht.
Aber...
... für den Jungen ist die Sache wohl noch nicht gegessen.
STAFF
VOICE ARTIST
Hahaha...
Ja, sorry, aber wir haben's echt eilig...
Wiedersehen.
Lass mich los, Mann.

Hattet ihr euch wirklich geeinigt?
Hö?
Äh...
Ja... Klar.
STAFF
!
Hast du wirklich ja gesagt?
Hast du also nicht.
SCHÜTTEL
SCHÜTTEL
SCHÜTTEL

Also hattet ihr euch nicht geeinigt.
Da scheint es ein Missverständnis gegeben zu haben.
Wenn ihr immer noch tauschen wollt, besprecht ihr das besser noch mal neu.
Grand Star Line 1 von 10
Rabbit entertainment
KLICK
Das hat gesessen! ☆
Seht nur her, ich hab das Beweisfoto!
BEEINDRUCKT
Ach, egal.
Wir gehen.
Vielen Dank!
Grand Star Line 1 von 10

Yo.
Den hab ich von meinem Taschengeld gekauft.
Ich wollte einen anderen seltenen dafür.
Dieses Board-Ding scheint ziemlich gefährlich zu sein, pass das nächste Mal besser auf.
Ich kenn mich da null aus.
Mach ich!
Mio!
TAPP
TAPP
Komm, es geht weiter.
Huch, ach du...!
Der Mitarbeiter hat's drauf.
Da hatte der Junge Glück.
Ja.
Wie gut, dass jemand wie Toshi zur Stelle war.
Das war nicht Toshiro... Oder doch?

LÄRM
LÄRM
LÄRM
ÄRGER
Mann... In 20 Minuten geht's doch los!
ÄRGER
ÄRGER
Müssen die da vorn so trödeln? Können die sich nicht mal vorher überlegen, was sie kaufen wollen?
Ähm ...
Ich stand vor dir in der Schlange...
Hö?
Nee, ich stand neben dir.
Gibt es ein Problem?
Ja! Die Schlange ist total unorganisiert...!
Meine Kasse war schneller, also bin ich vorgerückt.
Es hat nicht jede Schlange eine feste Kasse.
Ähm...
Könntet ihr weitergehen? Sonst geht die Show ohne uns los...
ÄRGER
ÄRGER

Hiiiek!
Während ihr hier gestritten habt, sind zwei Kassen frei geworden.
Äh... Oh...
Haaah...
Wenn ihr also bitte beide weitergehen würdet?
Sieht der gut aus!!!

Wenn alle an einem Strang ziehen, hat jeder die Chance, rechtzeitig zur Show zu kommen.
LÄCHEL
Machen wir!
Haben Sie vielen Dank!
Und so eine schöne Stimme!
QUIRLIG
Bitte helfen Sie alle zusammen, damit die Schlange vorankommt!
STAFF
Wow, vorhin noch total ausdrucks-los und jetzt…
DESINTERESSIERT
STAFF
STAFF
ANI-ON!
17:57
Vielen Dank noch mal!
Jetzt sollten wir's bis zum Start der Show hinkriegen. Ihr seid entlassen.
TAPP
TAPP
Aah, da seid ihr!

Wo wart ihr denn?
Habt ihr euch verlaufen?
Wir haben bei den Verkaufsständen ausgeholfen...
Wieso das denn, ihr tretet doch auf?
Der Vorhang geht bald hoch.
Ach übrigens...
Können wir auch sehen, was auf der Bühne passiert?
Natürlich!
In der Garderobe und in den Gassen gibt es Monitore, da könnt ihr alles sehen.
Aber...
... ihr wollt ja sicher Logenplätze.

K production
Schönen Abend noch!
Nanu?
Frau Homare.
Die Kurse für heute sind doch alle vorbei.
?
Hihi.
Ich dachte, ich nutz die Gelegenheit und schau's im Büro.

TADAAA
Ach so!
Heute ist der AniMu-Livestream!
Sie haben ein Ticket für den Channel gekauft?
Jupp!
Ani-On! Musicfes 2019 Livestream
AniOn AniMu Musicfes KProduction RabbitEntertainment Makuhari Animesongs
Niconico Live
Für wen seid ihr heute da?
Geht's bald los?
Ritsunyaaaaa!
Einen Moment bitte, der Stream beginnt gleich.
Makuhari… Hier ist Makuhari Es geht los!
^0^ Trommelwirbel…
Dann kuck ich mit!
Hehehe!
Sie haben Bier?!
Gemein!!
Ich geh mir auch eins holen.
Bringen Sie auch noch ein paar Snacks mit.
Scharfe Chicken Nuggets und so.
Ich hätte lieber die mit Käse…
LÄRM
Nur noch wenige Augenblicke bis zum Showbeginn.
LÄRM
Bitte nehmen Sie Ihre Plätze ein.
LÄRM
LÄRM

Ein Glück, dass wir noch alles gekriegt haben.
Puuuuh!!
Das war echt ganz schön knapp!
VOICE ARTIST
Bin gleich wieder da!
Dankööö!
Niconico Live
Ani-On! Musicfes 2019 Livestream
Niconico Live
88888888
Macht endlich hinne!
Weniger als eine Minute bis zum Start.
88888888888!!!!
Es ist so weit.

Es geht los!
TSCHUMM
MURMEL
MURMEL
MURMEL

Alles hoch von den Stühlen!
DOMM
aaaaaaaah!
aaaaaaaah!

Waaaaaaaa
Jetzt geht's los mit AniMu 2019! ☆
Waaaaaaaa

Waaaaaaaaaaaaaaah!
ZITTER ZITTER
ZITTER ZITTER
ZITTER ZITTER
Und hier kommt auch schon der erste Song! Seid ihr alle bereit?!
Wir starten mit »Mujuryoku Answer« aus »TonaFuku: God's Blessing on the Demon King Next Door«!!
VOICE ARTIST ANI-ON! MUSIC FES
aaaaaaaaaaaaaaaah!

Guck mal, Toshi!
Hehe!
Hehe!
Als hätte man einen kompletten Malkasten ausgekippt...
Oho.
Du bist ja richtig poetisch.

Das Licht der ganzen bunten Leuchtstäbe ist toll, nicht?
Von diesem Anblick...
... bin ich jedes Mal wieder total hin und weg!
Ah, aha.
Das da nennt man also Leuchtstab.
Nein, daran liegt es nicht.
Nicht wegen der Leuchtstäbe, wegen der Stimmen...
... kommt's mir so vor, als hätte man einen Malkasten ausgekippt.

Jede hat eine andere Farbe...
... aber jede einzelne klingt, als hätte sie Spaß.
Die rasten ja noch mehr aus als sonst schon immer.
Na, bei den Hochkarätern im Programm.
Jaaaaa!!!
Ritsu-nyaaaaa!!
Wooooow!
Es gibt hier so viel zu sehen, ich weiß gar nicht, wo ich als erstes hinschauen soll!
Shoooo-taaaaa!
Er ist noch nicht da, ich schrei aber trotzdem mal!
Ich will...
... das hier zeichnen!

Ich muss...
... das hier zeichnen, wenn ich wieder daheim bin!!

Waaaaaaaah!!!
Ihr müsst euch langsam fertigmachen.
Waaaaaaaaah!!!

Jaaaaaaaaaah!
19 : 32
Eineinhalb Stunden nach Showbeginn
WUSEL WUSEL WUSEL
Moderatoren Uda und Sugi zum Kostümwechsel!
Roger!
Achtung, zur Seite bitte!
Hier ist kein Wasser für Nakayama!
Oh, sorry!
Was machen die Zuschauerzahlen im Livestream?
Ungefähr zehn Prozent über letztem Jahr.
Uruwashi! Shishiku!
Ihr müsst zum Standby...
Ja, das sieht hervorragend aus!

Kann losgehen!
Ich bin be-reit.

Sie ist die Stimme von Alice Kanzaki aus »Miracle ★ Magical«!
Hier ist für euch Harumi Shinonome!
Waaaaaaaaaaaah
Wow, was für eine Stimmung!
20 : 00
50
20:00
10
20
30
40
Headset Mikrofon
Umbau
Standby Alle Acts
»Ich bin Alice Kanzaki, das einzige Gesetz in dieser Welt! Hämmer dir das in deinen Schädel ein! ★«
Danach...
... kommt der Umbau und dann sind wir dran.
Zuerst der Dialog, dann kommt Musik...
MURMEL
MURMEL MURMEL
Hey...

Du schwitzt ja so stark.
Hö?
Oh...
Da war ja was...
Tatsächlich...
Vor lauter Begeisterung über die Show hab ich das da ganz vergessen.
STECH
STECH
STECH
Zeig mir...
... mal deinen Fuß.
Nix da!

>>Nix da<<?
Was würde das jetzt noch bringen?
Wir sind bereits die Ersatzleute. Für uns gibt's keinen Ersatz.
Frau Homare hat gesagt, wir sollen zehn Prozent geben.
Wenn zehn Prozent reichen, schaff ich das locker.

Wenn du nur fünf Prozent deines Könnens geben kannst, dann geb ich zwanzig.
Oder besser...
... ich geb hundert!
Macht also nix, wenn du beim Auftritt stolperst!

»Just Now« gehören zu den VTubern mit den meisten Abonnenten!
!
Heute treten sie zum ersten Mal live auf!!
Waaaaaaaaaaaaaaaaaaaaaaaaah!!
200 Prozent.
Wir geben zusammen 200 Prozent.
aaaaaaa
20 : 10

TSCHUMM
Just Crowd von AniMu, guuuuuten Abend!!
Hier ist Isch!

Oh! Das sind »Just Now«! Die treten live auf?!
Coool!
Die sind grade total angesagt, da gehen alle ab!
Woah!
Das sieht aus, als würden die echt auf der Bühne stehen!
Wie machen die das?
Vier Millionen Leute und alle sind nur für Isch da!!
Die Just Crowd rockt!!
aaaaaaaaaah!!..

Krass!
Alle Leucht-stäbe sind gelb oder grün.
Waren die alle vor-her bei 'nem Lehrgang?
Quatsch, doch nicht für dich! Die sind alle für Ritsunya da.
Hä?!
Nee, oder?!
Na, ist auch egal.
Konzen-tration!
Fangen wir schon endlich an.
KLATSCH
TSCHUMM
Oh! Sie haben sich umgezogen!
Hat seine Vorteile, virtuell zu sein.

Ihr seid viel zu leise, Leuteeeeeee!
Das bin zwar nicht ich, der da grade auf der Bühne steht...
... aber ich hör an den Stimmen der Leute da draußen, dass ein Teil von mir dafür sorgt, dass sie Spaß haben.
Das wär so geil, irgendwann selber auf der Bühne zu stehen und die ganze Halle in die Farbe »Spaß« zu färben.

Wir sind noch lange nicht ferti…
BRZZZZ
Waaaaaaaaaaaaaaaah
Hm? Wo sind die Stimmen?
PANIK
MURMEL
Nanu?
D…Die Mikros sind nicht mehr verbunden!
Äääh…
MURMEL
Was?!
MURMEL
Schick erstmal die Zwischenmusik in Dauerschleife!
Hö?
Das ist aber eine andere Musik als im Training.
Die Zwischenmusik in Dauerschleife?
Was ist denn jetzt kaputt?
Äh… Also…
Ein technisches Problem. Die Stimmen sind weg.
Wir lassen die Hintergrundmusik loopen, improvisiert was dazu.
Häääää?!
Eine lange Impro ohne Stimmen? Was bringt das denn?

* Event zur Feier von neuerschienen CDs

SCHRECK
... doch nicht etwa eine Panne?!
Der erfahrene Konzert- und Release Party*-Gänger Yuta hat den richtigen Riecher.

Sieht nach Mikro-Problemen aus.
Hä?!
Die Musik läuft in Dauerschleife und von den Stimmen hört man keinen Pieps.
Ja, aber…
Kriegen die das wieder hin?
Ist ja nicht der erste Event, bei dem das passiert.
Ani-On! Musicfes 2019 Livestream
Niconico Live
Das Publikum beginnt's auch zu checken.
Haah!
Wann gehen die Mikros wieder live?
Haah!
Äääh…
Die Sprecher sind in einem Nebenraum.
Wir wissen noch nicht, was da los ist.
Mist!
Wenn das noch länger so geht…

STECH
STECH
STECH
STECH
TAKE 9: WIE AUSGEWECHSELT
Haah!
Haah!
Haah!
Sollen wir's einfach ohne Stimmen be- enden und sie von der Bühne nehmen?
Auf keinen Fall! Dann ist ja offensicht- lich, dass es technische Probleme gibt!
Das ist es doch auch so schon längst…
Lasst sie drauf, bis die Mikros wieder live sind!
Nanu?

Ist das eine Mikro-Panne?
Das ist anders als bei der Probe.
Kriegen die das wieder in den Griff?
Hoffen wir's...
Vielleicht reichen neue Mikros, aber wenn die Verbindung zur Kabine komplett tot ist...
KRACH
Gehen wir!
Das geht jetzt aber sehr lang.
RAUN
Ist da was kaputt?
RAUN
Kei ist noch neu im Moderationsjob.
Jemand muss die Wartezeit mit einer Impro-Moderation überbrücken!
Synchron-sprechernovizin Kei Nohara
NERVÖS
NERVÖS
NERVÖS
Kann man unsere Headsets auf die Bühne legen?
Haah!
Haah!
Haah!
Was?

Sie haben doch gesagt, wir sollen improvisieren.
!
Äääh... Ja, nein, also, schon, aber...
Aber das geht doch nicht.
Ihr seid doch noch in der Ausbildung.
Hm? Was?
Was reden Sie da?
Wenn der Auftritt ohne Stimmen abgebrochen wird, gibt das nur Spott im Netz.
Wobei es den sicher jetzt schon gibt.
Jedenfalls...
... muss das hier aufhören...
Haah!
Haah!
... sonst steht er das nicht durch.
Die beiden wollen mit ihren eigenen Stimmen improvisieren.
Geben Sie Ihr Okay dafür...
... Herr Producer Kimie?
...

Hm? Öööh...
Nein! Bloß nicht!
Aaargh!
Es ist eh schon alles egal!
Dann sollen sie eben was improvisieren!
Haah!
Motion-Capture-Darsteller, wir legen eure Headsets auf die Bühne.
Haah!
Hä? Was hat er gesagt?
In zehn…
Ich hab kein Wort von dem verstanden.
Haah!

Pass dich an meine Farbe an!
Sieben.
Sechs.
Du kannst so schlecht sein, wie du willst. Mach's einfach wie beim Casting.
Du hast doch beim Training genug Original-Videos von den beiden gesehen.

Noch fünf.
Ich weiß, du kannst das. Oder besser...
Vier.
Drei.
Mach einfach!
Zwei.
VOICE ARTIST
ANI-ON! MUSICFES
Ani-On! Musicfes 2019 Livestream
ROFL
ROFL
Megapanne

Halt! Stopp!
Mach doch mal einer die Musik aus!
Wollt ihr die Leute einschläfern, oder was?!

Unsere Mikros sind total im Eimer. So macht das ja überhaupt keinen Spaß!
Das war's dann.
Aah...
Pfffffffffffffff!! Hahahahaha!

WAMM!!
Das ist eure Schuld!!
Hahahaha!
Waaaaaaaah!!!
Das war Tsukasa!
KEUCH
KEUCH
Ist mein Mikro auch an?
»Pass dich an meine Far-be an!«

Ey...
Die Zwischenmusik war viel zu lang. Isch spürt seine Beine gleich nicht mehr.
Waaaaaah!
Nicht einschlafen!
Waaaaaah!
Wie lang soll Isch denn noch tanzen? Isch ist doch kein dressierter Affe!
Ha-ha-ha-ha!

Niconico
egapanne
ololololol ROFL Was ist da los? ROFL
Klingt gar nicht übel ROFL Wer sind di
denn ROFL Gar nicht so unähnlich RO
Ich hör vor lauter Lachen nix ROFL W
ROFL Ich seh das Bild nicht mehr RO
Wie geil! ROFL Wer spricht denn da?
Kanal Kommentare
Kommentare
Hä? Sind das neue Sprecher? Ist mir gar nicht aufgefallen
Da läuft Impro
Oh, die Stimmen sind zurück. So einen Auftritt hab ich…
Düdelt die Musik noch lange?
Wer spricht da? LOL
roßes LOL-Konzert auf Twitter
as ist das? ROFL
Uwaah…
Da gibt's technische Probleme.
Das wird lustig.

Hätte ich den Auftritt... doch bloß nicht abgelehnt.
Aber nächstes Mal lehn ich wieder ab.
Waaaaaaaaah!
Oh?! Ooooooh?!
Ich war grad bei den Twitter-Trends. Wir kriegen jede Menge Spontanpublikum rein!
Der Server knickt langsam ein!
Hei...Heißt »Trend« etwa Shitstorm?
ZITTER
ZITTER
Nein. Im Moment...
... sind die meisten Kommentare amüsiert.
Wir haben einen neuen Rekord bei den Zuschauerzahlen aufgestellt!
48.087
210.387
hauer
mentare
tzt Games auf der Niconico App holen!
ere anzeigen

Ey, stellt nicht einfach wieder die Musik an! Sollen wir etwa noch weiter tanzen?!
KEUCH
KEUCH
Schluss jetzt! Ihr könnt selber tanzen!
KEUCH
Wer spricht die beiden denn
#AniMu
Sakura @sakurasakura201 Hab ich nie gehört. Vielleicht Debütanten?
#AniMu
Mio @mionuts3709mochi 1 Min
Ist das nicht Shimano?
#AniMu
Kazuha
Was machen die richtigen Mikros?
K... Keine Chance.
Die sind tot.
AniMu
20.802 Tweets
#Ani-On!2019
15.435 Tweets
Panne
1.633 Tweets
Just Now
1.056 Tweets
Pfff!
Wie geil!
Was ist das denn für ein Murks!
Leo @Lemone_orangee
Das ist eigentlich ganz geil
#AniMu

Können wir den Rest auch den Motion-Capture-Leuten überlassen?
Wa...
Was denn sonst, wenn wir so mehr Zuschauer bekommen?!
WOMM
Das wird nichts mehr mit den Mikros.
Bringt den Auftritt allein zu Ende!
Oookaaay!

Dann kommen wir langsam mal zum Finale.
Wer will das sehen?!
Jaaaaaaaaaaaaaaaaaaaaa!!
Die Just Crowd will zwei fürstliche Rückwärtssaltos sehen!
Haha... Tsukasa...
... ist wie ausgewechselt.
Jaaaaaaaaaaaaaaa!!
Na, wenn's sein muss.

Stürz nicht.
Werd ich garantiert nicht!
TOMPP

Ich geb...
... 200 Proz...
STECH
DOMPF

SCHRECK
Nghh ...!
TAUMEL
GRABB

Ooookaaay!
Alright!!
Waaaaaaaaaaaaaaah!!
Zum Schluss kommt Icke!! ♪

WOMPP
Kyaaaaaaaa

Jaaaaaaaaaaaaaaaaaach!
Ihr seid viel zu leise, Leute! Ein bisschen mehr Begeisterung, bitte!
51.231 302.659
Kommentare
26244 Lasst die Stimmen so lol
26245 Was, schon vorbei?!
26246 Pass auf, am Ende waren's doch die Echten.
26247 Ich hab zum ersten Mal dieses Jahr gelacht.
26248 Ist das geil
26249 Die Impro ist so krass gut
26250 Applaus Applaus Applaus Applaus Applaus
26251 Passt perfekt
kazu hat 200ct beworben
26252 Ja, oder?!
Oh, und alle vor den Schirmen da draußen, vergesst nicht, unseren Channel zu abonnieren!
Also, man sieht sich!
Wir lieben unsere Just Crowd!! ♡
Platz eins bis zehn der Tends...
... sind alle von AniMu belegt!

TAKE 10: WAS IST DENN EIN ANIMU?
Entschuldigung.
Ich glaube...
... ich hab die Figur kaputtgemacht.
Quaaatsch!
Du hast aus 'ner Notlage einen Erfolg gemacht!
Wenn ich nicht spontan entschieden hätte, euch improvisieren zu lassen...
Ja, ich!
Dann wären wir aufgeschmissen gewesen.
Das war wirklich nice.
Zum Glück war's ein Erfolg.
Oh!
Ihr habt gute Arbeit geleistet.
Hoffe, man sieht sich mal wieder.

Yo, klaro!
Auf so was antwortet man »Gerne«!
Gerne...
WOSCH
Der Produzent ist sehr guter Stimmung.
Dann ist alles in Butter.
Hihi!
Normalerweise würdet ihr jetzt was zu hören kriegen wegen eures eigenmächtigen Eingreifens...
... aber diesmal habt ihr's genau richtig gemacht!
Wenn ihr nicht solche Draufgänger wärt, hätte das in einer Katastrophe enden können.
Danke.

Mu-hahahaha! Ja, oder?! Wir sind der Hammer!
K production
Puh…!
Oh Mann, ich hab ewig nicht so gelacht…
Ich bin fix und fertig. Und wieder nüchtern.
Wuhuuuu! Das Bier war echt gut!
Kimie war der Haupt-Producer diesmal, oder?
Wenn ich mir vorstelle, wie aschfahl der grade ist…
Aber wir hängen bei dem Event auch mit drin!
Wir sollten uns nicht drüber lustig machen…
DÜDÜDDÜDÜÜÜ DÜDÜDÜÜDÜ

Ja, hallo?
Hey, ich bin's.
?!
Wa ha ha ha ha ha ha ha ha
ha ha ha ha ha ha ha !
Was soll das?!
Puuuh...
Ach, bloß...
Da ist bei euch ja mächtig was in die Hose gegangen!
Das war so lustig!
Stimmt es, dass du die Lehrerin der beiden bist?
Jupp.
Man hat Spaß mit den beiden, nicht?

Na ja, diesmal haben sie uns den Arsch gerettet, aber…
… vor allem diesem Schläger-Typ musst du mal ein bisschen einbläuen, wie man sich Ranghöheren gegenüber benimmt!
Also hat er was ange-stellt...
Und um mir das zu sagen, rufst du extra an?
Ja, ganz genau! Man sieht sich!
DJÜÜT
Was?!
Producer Kimie hat Sie ange-rufen?!
Wollte er was Bestimm-tes? Ist er sauer?
SCHAUDER
Keine Ahnung...
Mit extra viel Käse Knusper-Snacks
Sonntag, 18. August
Zum Entsperren Home-Taste drücken
Aber ich glaube, er wollte sich für heute bedanken.

JR-Bahnhof Kaihin Makuhari
ÜBERGLÜCKLICH
Sport am Sonntag –
Die Nationalmannschaft im Trainingscamp
プシュ
TSCHHHH
ガターン
KATANG
ガターン
KATANG
PLING
ガタ
KATANG

Tapioka Club (3)
Heute
Danke, dass du dich heute für die Goodies angestellt hast!!! Und ihr habt alle Limited Editions erwischt! Ich bin so happy!!
Danke!
Hihi!
Jetzt antworten
abc
jkl
PLOPP
Nochmal Danke für das Ticket! Hat echt mega viel Spaß gemacht!
Ja, Mio ist total abgegangen *g* Und? Hast du jetzt auch einen Liebling?
PLOPP
Jetzt antworten
abc
def
Liebling? Sie meint, ob ich Fan von wem geworden bin?
Ein Lieb-ling...
Keine Ahnung, ob er jetzt mein Liebling ist, aber ich hatte Spaß an seinem Auftritt.

Äääh, okay...
Zur Feier des großen Erfolgs dieses Events...
KLATSCH
... und in der Hoffnung, dass AniMu auch nächstes und übernächstes Jahr wieder stattfinden und weiter wachsen wird...
... einen großen Schlussapplaus für uns alle!
Auf eins!
SCH
KLATSCH
ANI-ON! MUSICFES

Gute Arbeit, alle mitei-nander!!
WAOOMM!
KLATSCH
KLATSCH
KLATSCH

Gut ge-macht!
Dein erstes Mal war große Klasse!
Wuäääääh!
Wonderland
Lecker!
Super gelau-fen!
Puh, was für ein Theater heute!
Willst du auch ein Bier?
Äh, die beiden sind noch min-derjährig...
STAFF
Hä?!!
JR-Bahnhof Kaihin Makuhari
NewDays

Das habt ihr...
... wirklich toll gemacht, ihr zwei!
Bahnhof Kaihin Makuhari
Yo!
Schließfächer
Südausgang
Aufzug
Danke noch-mal.
Von morgen bis Ende August hat unsere Werkstatt Sommer-ferien.
Nicht, dass ihr vor verschlos-sener Tür steht.
Es geht erst im September weiter.
Oh!
Ach so ist das...
Ach ja.
Was die Überweisung eurer Gage für heute angeht, da wird euch noch jemand aus der Agen-tur anrufen.
Gage?
Oh!
Oooooh!

Stimmt ja.
Ganz verges-sen.
Ich will ja zehn Millionen verdienen.
STARR
Und dann!
Shishiku, ist mit deinem Fuß wirklich alles in Ordnung?!
Äh!
Na logo!
Hattest du beim Auftritt vorhin wirklich keine Schmerzen?
Mir geht's Bombe!
Ich seh nicht weg, wenn meine Schützlinge einen Unfall haben!
Weiß ich doch!

Wenn du Schmerzen hast, geh zum Arzt und gib uns Bescheid, was er gesagt hat.
Yo, alles klar!
Südausgang
Makuhari-Küstenpark (Mihama-Garten)
Also dann, schönen Abend noch!
Takana Heights
Niconico Live
Megapanne
Mmmmmh …

BOMPF
RUMMS
Toshi?
Bist du wieder da?
Hey, sag mal...
... Toshi...
Du hast doch neulich so ein VTuber-Video angeguckt.
Waren das...
Uwaah!
Was hast du mit deinem Fuß ge-macht?!

Wie ist das passiert? Hast du dich geprügelt?!
Nee, Quatsch!
Auaaaaa...
Der Schuh hat so gedrückt...
Gestolpert beim Jobben...
I...Ist der auch nicht gebrochen?!
Soll ich dir Eis bringen?
Ja, danke.
PLOPP
21:13
Freitag, 23. August
LINE
Zum Entsperren Home Taste drucken.

PLING
PLING
FJUPP
Die K Pro Küken (17)
Wer hat den AniMu-Stream geguckt?! Da waren mehrere von unseren K Pro-Profi-Kollegen dabei. Voll cool!
Die K Pro Küken (17)
In diese Gruppe...
Wollen wir nicht 'ne LINE-Gruppe für unseren Kurs aufmachen?
Gute Idee!
Meine Nummer ist...

Ich hab kein Handy.
Dein Ernst?!
Eeey!
Warte doch mal, Tsuka-sa!
STAPF
STAPF
Ignorier mich nicht!
Alle anderen machen auch mit!
... haben sie mich einfach reingesteckt.
Wer hat den AniMu-Stream geguckt?! Da waren mehrere von unseren K Pro-Profi-Kollegen dabei. Voll cool!
PLOPP
Na ja, die Stimmung war schon echt ziemlich gut, aber zwischendrin war's auch ziemlich lahm. Fand ich.
PLOPP
itsunya hat's für K Pro rausgerissen.
Aber sagt mal, habt ihr das auch gehört, dass sich Toshiro aus unserem Kurs den Fuß gebrochen hat? Lol
Oder war's angeknackst?
Kein Plan

PLOPP
Aber sagt mal, ha auch geh
sich Toshiro aus u n Kurs den
gebrochen hat? Lol
Oder war's angeknackst?
Kein Plan
Schläger brechen sich halt was
Der würd sich doch selbst bei nem Auto
ROFL
PLOPP
Gebrochen...?
Nach den Sommerferien
Städtische Takana-Oberschule Tokyo
Zutritt für Unbefugte verboten

DEPRI
FLÜSTER
FLÜSTER
Ich hab Angst...
Der ist nicht gut drauf.
Mmmmmmh...
Weil ich bis Mitte August immer Training für AniMu hatte, war keine Zeit für Jobben.
Danach hätt ich eigentlich Zeit gehabt, weil die Werkstatt Ferien hatte.
Er denkt nur über etwas nach.

Ich hätt da so richtig viel ackern können, aber körperliche Arbeit war ja nicht.
Grrrrr...
Was, gebrochen?!
Aber ist schon wieder besser...
Nein, das geht nicht! Was, wenn was passiert?!
War richtig eingerostet...
Und überhaupt ...
... diese ganzen Jobs haben eh überhaupt keinen Spaß gemacht...
Waaaaaaaa
BO
DOMM
aaaaaaaaah!

Nein, nein, nein!
Jobben macht Spaß! Zahltag rockt!!
Oh! Toshiro!
Vielleicht lassen sie mich ja diesen Monat wieder ran...
WOBBEL
Gehst du nicht heim?
Oh!
Doch, war nur in Gedanken...
WOBBEL
STRAHL
STRAHL
Deine Sommerferien müssen ja echt spitze gewesen sein.
Yessss!
Sommerzeit ist Otaku-Event-Zeit!
Ich hatte so richtig, richtig tolle Sommerferien!!
Wow...

Und du?
Ich hab nur richtig viel gejobbt.
Was denn so alles?
Im Supermarkt, leichte Montage-arbeiten, so Zeug...
ROMMS
So Zeug wie AniMu?

Hä?!
Wa...Wa... Wa... Was ist denn ein A...A...A... AniMu?!
Aha!
Wusste ich's doch, du warst »Isch«!!
STOLZ
Ich hör dich ja jeden Tag in der Schule, drum hab ich dich gleich erkannt.
Meine Ohren sind echt super.
SCHWITZ
SCHWITZ
Ääääh... Tja... Also... Ääääh...
SCHWITZ
Ich weiß von gar nichts!!
Keine Panik! Ich bin ein Otaku, der die Klappe halten kann!
Bleibt alles vertraulich!
Psst! Psst!
Die Gefahr eines Informationslecks!
Rauswurf!!!

FLUSTER
FLUSTER
Aber sag mal, hast du Ritsunya in echt getroffen?!
Stolze Tradition – Takana-Oberschule
Oh Mann, was weiß ich denn...
LÄRM
KLACK
LÄRM
LÄRM
Hm?
Warte doch!

Oooh!
Du bist's, Tsukasa!
Seh dich das erste Mal in Uniform. Auf der S-Oberschule bist du also.
Oh, der ist das!
Der war auch beim Casting...

Ahaaa! Jetzt verstehe ich!
Bei AniMu ist es mir nicht aufgefallen...
... aber die zweite Aushilfsstimme von »Just Now«, das war Tsukasa!!
Und? Wartest du auf wen?
Aber das heißt ja...
Toshiro...
Du hast in der Werkstatt einen Freund gefunden!
»Freund«?
Du meinst den da?
Ist er nicht.
...
STARR
STARR

...
Von wegen du bist verletzt.
Dummschwätzer, dieser Naoaki.
STARR
Hä, du meinst mich?
Ach, wegen meinem Fuß?
Ja, der ist schon wieder verheilt.
TAPP
TAPP
TAPP
Aah!
War keine große Verletzung. Nur ein bisschen angeknackst.
Wie schön, Toshirooo! Dein Freund macht sich Soorgen um dihiiiich!!
Buhuuuu!
Wir sind keine Freunde!
U...Und ich bin nicht hier, um nach ihm zu sehen!

Ich wollte nur wissen, ob sich auch Schläger was brechen können.
Hey! Hast du nicht Lust, mit uns ein Eis essen zu gehen?
Wo du schon da bist!
Nice Idee, Yuta!
Tsukasa lädt uns ein, dann vergess ich die Sache mit dem Fuß.
...

Sprecherwerkstatt
Erster Tag nach den
Sommerferien
production
K production
Nekishi
2F
TAKE 11
SO ENTSCHEIDET SICH MEIN SCHICKSAL?
Rinderzunge, geriebene

Guten Morgen!
Guten Morgen!

Morgäääään!!
Wie üblich.
Nicht so laut, Shishiku!
Guten Morgen!
Guten Morgen!
Äh, ohne Werkstatt hat sich bei mir wohl zu viel Energie aufgestaut...
Genau.
Über die Ferien hatte ich euch ja Zungenbrecher und einen Lesetext aufgegeben.
NOW LORDING...
32%

Ihr habt hoffentlich fleißig geübt.
Hö...?
Jawohl!
Hausauf-gaben?
Hatten wir ... ernsthaft Ferienhaus-aufgaben...?!
Ich hatte die ganze Zeit nur das Training für AniMu im Kopf...
Okay! Dann fängt die erste Reihe mit Uruwashi an. Zungenbrecher und Lesetext.
»In etwa zu dem Zeitpunkt, als die Straßen-lampen angingen, kamen die Men-schen energischen Schrittes, bestückt mit Filzhut und Gehstock die Treppen hinauf.
Der tobende Jazz, der Tabak-rauch und das sorglose Lachen der Kellnerinnen verwoben sich im Café zu einer fröhlich lärmenden Abendatmosphäre.«

Das war perfekt.
Weiter mit Ogawa.
Ja!
»Sie steckte ihn in ihre Brusttasche und richtete vor dem Spiegeltisch ihre Schminke, als Kaiho, der Betreiber des Cafés ins Zimmer kam.«
Gut.
Bist ein bisschen besser als vor den Sommerferien.
Weiter mit...
... Shishiku.
Urghs!
Äääh...
»U...Unter dem Dach... fenster nahe der Ste... Stiege?
... stand ein in schwarzen Sand... Samt gehülltes blindes Mädchen...
... wie ein Turngerüst? Hä? In der Abendsonne? Hö?«

Ngaaaargh!!
Game Over !!!!

Da hör ich ja sofort, dass du nicht geübt hast!!
Ich hab meine Hausaufgaben vergessen!!!

Haaah... Ah ja, das ist ein guter Moment für eine Ankündigung.
Hö?
Einige werden's ja sicher schon in unserer Broschüre gelesen haben.
Ende des Monats fährt unsere Werkstatt ins Camp!
Ein Camp!!!

Wer daran teilnehmen möchte, unterschreibt auf Seite zwei.
Genaues Datum und Packliste, steht alles drauf.
Wer eine Stufe höher kommen will, sollte teilnehmen!
Eine Stufe höher!!
Aber was macht man in so einem Camp?

Ich jobbe immer so viel und bin in keinem Schulklub...
... drum war ich noch nie bei irgendeinem Camp dabei.
Kommst du mit?
Klar!
In Yutas Anime gab's öfter so Folgen über... Studienfahrten?
Das waren immer Folgen, wo der Held voll das Power Up gekriegt hat.
Jawoll ja!!
Ein Camp!!!! Immer her damit!!!!
-Südeingang
n Marunouchi-Eingang
rbindungstunnel links
Linien
JR
Tohoku / Joetsu / Hokuriku Shinkansen JR-Linien

Saftig!
Aus dem Fernsehen
Das leckere Shao Mai-Bento mit großen Fleischstückchen
Saftiges Shao Mai-Bento
Bento mit gegrilltem Rinder-Galbi
Unser Bestseller
No. 1
Bento mit gegrilltem Rinder-Galbi 860 Yen
NEW
Saftiges Shao Mai-Bento 850 Y
STARR
Ah, hier steckst du, Shishiku!
Was trödelst du denn so? Komm endlich!
Ich weiß einfach nicht, welches Bento ich nehmen soll…
Es gibt auch welches am Bahnsteig!
Mann! Deine Kollegen warten alle auf dich!
Kolle-gen?

RAUN
ATTENTION
100%COTTON
40
MADE IN JAPA
RAUN

RAUN
KOTTERI
GARFFTY
ザワ
RAUN

Entschuldigt! Musste noch einen letzten einsammeln!
Takana-Badehaus
Seit 1937
Einen schönen guten Morgen!
STRAHL
Tach zusammen!!!
Äh...
Ja...
Wer ist das?!
Guten Morgen!
Oh!
Du... hast das Casting also bestanden...
Deine Stimme ist noch immer so laut.
Hö?

??
?
?
PATSCH
Oh! Äh! Nichts, vergiss es.
Takana-Badehaus
Er erinnert sich nicht?
Ich erinnere mich allerdings mehr als deutlich.
Ähm... Da ihr an verschiedenen Tagen Unterricht habt, kennt ihr euch vermutlich untereinander gar nicht.
ATTENTION 100%COTTON MADE IN JAPAN
Jedenfalls fahren der Grund- und der Fortgeschrittenenkurs zu einem gemeinsamen Camp.
Die Schüler des Fortgeschrittenenkurses sind schon ein Jahr weiter als ihr.
Und dann hätten wir noch zwei Spezialgäste für die Betreuung:
Frau Honami und Herr Miumi, die beide seit diesem Jahr von unserer Agentur betreut werden.
Freut mich!

Auf Gleis 22 fährt ein: Hokuriku-Shinkansen Kagayaki 509.
DING DANG DING
Oh!
Der Zug ist gleich da.
Alles herhören!
Die Zeit drängt. Jeder zieht bitte eine Fahrkarte aus diesem Umschlag!
Jaaa!
Grundkurs
Fortgeschrittene Umschlag in meiner Rechten, Grundkurs Umschlag in meiner Linken!
Grundkurs
Seit 1937
300-500
three hundred-five hundred

Sind alle da?
Haben alle einen Platz?
Aufge-passt!
Ihr bildet mit eurem Sitznachbarn und den zwei Leuten hinter euch ein Team.
Team?
Grüner Tee
Takana-Badehaus
Seit 1937

Jeweils ein Schüler aus dem Fortgeschrittenenkurs und drei Schüler aus dem Grundkurs bilden zusammen ein Team.
ster B Mitte C Gang
ATTENTION
100%COTTON
Während des Camps bilden diese vier eine schicksalhafte Gemeinschaft.

Verbockt das nicht!
Nicht verbo-cken...
So willkürlich entscheidet sich mein Schicksal?
PFRIIIIIIIIII
Tokyo
Ueno
KOTTER GARFFT
Seit 1937

TAKE 12: DU UND IHR ZWEI

プアー
GÄÄÄÄÄHN
Aufge-
passt!
Ihr bildet mit eurem Sitznachbarn und den zwei Leuten hinter euch ein Team.
Team?

Jeweils ein Schüler aus dem Fortgeschrittenenkurs und drei Schüler aus dem Grundkurs bilden zusammen ein Team.
Der Schüler aus dem Fortgeschrittenenkurs ist jeweils der Captain.
Während des Camps bilden diese vier eine schicksalhafte Gemeinschaft.
Vier Leute ...
Das heißt also du...
KOTTERI GARFFTY
Seit 1937
... und ihr zwei.
Ha... Hallo...
Freut mich sehr...
Oh nein, ich bin in derselben Gruppe wie Toshiro...
Das kann was werden...

Und, auf welche Schule gehst du so?
MAMPF
MAMPF
Grüner Tee
Takana-Badehaus
Hä?!
Ich geh auf die Keio-Uni.
Sosuke Fujimaki.
Hallo.
Hä, du bist älter als ich?!
Ja.
Na ja, ich besuche ja auch den Fortgeschrittenenkurs.
Du gehst noch zur Schule?
Jupp, Takana-Oberschule.
Haha! Deinen Namen hab ich schon mal gehört...
Dann bist du der Captain.
Sieht so aus.
... To-shiro.
Yo! Ich bin Toshiro Shishiku!
Tach, Captain!

Kein Plan, wie das hier läuft, aber die anderen Teams machen wir alle platt!
Äh... Ja...
Äh, aber, also, bitte mach niemanden wirklich platt, ja?
FUNKEL
Bist du vielleicht Tsukasa?
Ja.
Frau Shiraishi setzt große Hoffnungen in dich.
Danke...
Shuji Kuga.
300-500
300-500

Ich bin jetzt zwar euer Captain, aber ich bin echt nicht gut darin, Leute bei- sammen zu halten!
Hahaha!!
ATTENTION 100% COTTON
300-500 three hundred-five hundred
Haah...
Oh, hey ihr zwei! Auf gute Zusammen- arbeit!
WUPP
Freut uns sehr!
Ich hab übri- gens Berge an Süßigkeiten dabei. Willst du was?
KRAM
KRAM
Nein Danke.
Hallo, schicksalhafte Gemeinschaft! Schütteln wir uns erstmal die Hände!

Äh... Ja. Hallo, freut mich sehr.
PACK
Takashi Kodo! Freut mich auch total!!
Hallo!
Hallo!
Hallo auch an euch da drüben!
Uuugh... Das geht in die Hose, ich seh's jetzt schon.
Der ist die Sorte Mensch, die auf Platz acht meiner »Rangliste unangenehmer Persönlichkeitstypen« steht.
Eure Stimme muss aus dem Bauch kommen!
Einer, der ständig predigt, dass man raus an die frische Luft und mehr Sport machen soll.

Übrigens, ich finde, unser Team sollte jeden Morgen mit einem leichten Stretching anfangen. Da seid ihr doch dabei, oder?
Was hab ich gesagt...
Äh, ich glaub mein Kreislauf...
Menschen mit schwachem Kreislauf sollten sich viel bewegen
Nein! Nein! Nein! Nein! Nein!
Gemeinsam Sport machen verbindet!
Nein! Nein! Nein! Nein! Nein! Nein!
Äääh...
In Team E sind...

A Fenster B Mitte C Gang
Ah, dieser Tsukasa war doch auch beim Casting für die Sprecherwerkstatt dabei.
Wusste doch gleich, dass er genommen wird.
Das wird toll.
Team G:
Sosuke Fujimaki
Toshiro Shishiku
???
Und dann dieser Toshiro…
Schnell notieren.
Sag mal, machst du dir über alle Notizen, Honami?
Hö? Ja.
Agentur-Mentee Kanade Miumi (24)
Du bist ja sehr gewissenhaft…
Hat doch keiner gesagt, dass wir das machen sollen.
Ich dachte, das ist einfach nur ’ne Studienreise.
Ein paar von denen werden nächstes Jahr auch von der Agentur betreut.
Ich muss meine Rivalen ausforschen.
Agentur-Mentee Suzu Honami (16)
Das reicht doch, wenn du das bei den Frauen machst.
Gerade die Männer sind meine Rivalen!

Los, mach dir auch Notizen, Miumi!
Och nöööö...
TSCHILP TSCHILP
DING DING DING DING
LABER LABER LABER

Ooooooh!
Grundkurs
Toshiro Shishiku (16)
Fortgeschrittenenkurs
Captain Sosuke Fujimaki (19)
Grundkurs
Atsushi Oze (17)
Grundkurs
Yasuhito Okuyama (18)
Team C
Fortgeschrittenenkurs
Captain Takashi Kodo (21)
Grundkurs
Naoaki Chiken (20)

Team G
Grundkurs
Takahiro Murayama (19)
Grundkurs
Koo Kurachi (18)
Grundkurs
Tsukasa Uruwashi (16)
Fortgeschrittenenkurs
Captain Shuji Kuga (19)
Team E
Grundkurs
Shuichi Naiki (20)
Grundkurs
Yoshihiro Eianji (17)
FORTSETZUNG FOLGT...

SPECIAL THANKS

Across Entertainment
Alle Mitarbeiter der J Voice Talent Professional School

Ken Production
Alle Mitarbeiter von School Duo

Stay Luck
Alle Mitarbeiter von Follow Up

Mages.

Durch die Interviews, die ich geführt habe, um Voice Rush! zu zeichnen, hab ich viel gelernt, was mir neu war und was mich überrascht hat. Dadurch kann ich meinen Manga jetzt um so vieles interessanter gestalten. Ich hoffe, ihr seid auch beim Herbstcamp im nächsten Band wieder mit dabei!

So geht's weiter in Band 3...

Das Schicksal entscheidet sich

Endlich beginnt das Herbstcamp!!!

VOICE RUSH

BAND 3 FOLGT 2022 - ÜBERALL WO'S MANGA GIBT!

VOICE RUSH!!

ist eine japanische Serie, die originalgetreu von »hinten« nach »vorne« und von rechts nach links gelesen wird! Schlagt das Buch also »hinten« auf und blättert Seite für Seite nach »vorne« weiter!
Auch die Bilder und Sprechblasen werden von rechts oben nach links unten gelesen, wie es in der Grafik gezeigt wird! Wir wünschen gute Unterhaltung!

HAYABUSA
Carlsen Verlag GmbH · Hamburg 2021
Aus dem Japanischen von Verena Maser
Voice Rush!! Vol. 2

Redaktion: Jonas Blaumann
Herstellung: Maria Niemann

ISBN: 978-3-551-62033-0

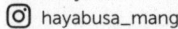